CENTENAIRE DE DIDEROT

CÉLÉBRÉ A MOULINS LE 27 JUILLET 1884

DIDEROT

Sa Vie — Extraits de ses Œuvres,

AVEC

Un PORTRAIT et le fac-simile d'un AUTOGRAPHE

Prix : 30 centimes.

MOULINS

IMPRIMERIE J. RENAUD & Cᵉ

13 et 15, PLACE DE LA LIBERTÉ, 13 et 15

1884

DENIS DIDEROT
NÉ A LANGRES
LE V OCTOBRE MDCCXIII
MORT A PARIS
LE XXX JUILLET MDCCLXXXIV

CENTENAIRE DE DIDEROT

CÉLÉBRÉ A MOULINS LE 27 JUILLET 1884

DIDEROT

Sa Vie — Extraits de ses Œuvres,

AVEC

Un PORTRAIT et le fac-simile d'un AUTOGRAPHE

Prix : 30 centimes.

MOULINS

IMPRIMERIE J. RENAUD & Cⁱᵉ

13 et 15, PLACE DE LA LIBERTÉ, 13 et 15

1884

DIDEROT

« Diderot est un génie transcendant comme il
» n'y en a pas dans ce siècle.... A la distance
» de quelques siècles, il paraîtra un homme pro-
» digieux. »

« Diderot, un si beau génie à qui la nature
» a donné de si grandes ailes ! »

Ainsi parlent Rousseau et Voltaire du puissant
esprit qui combattit avec eux, et qui ne fit pas moins
qu'eux, dans la grande lutte qui aboutit à notre im-
mortelle Révolution. Et pourtant son nom est moins
connu que le leur, ses œuvres sont moins répan-
dues. N'est-ce pas un devoir que de lui rendre le
même culte, et la meilleure manière de l'honorer,
n'est-ce pas de donner à son nom la célébrité popu-
laire qu'il mérite, de vulgariser ses œuvres où nous
avons tous à puiser de si profitables enseignements ?

Telle a été la pensée du Comité qui a organisé
à Moulins la célébration du Centenaire, telle est
la signification de cette brochure. Nous ne saurions
songer à dire sur Diderot tout l'intéressant, ni
même tout l'essentiel ; heureux seulement si par
un résumé rapide de sa vie, par la reproduction
de quelques passages de ses écrits nous provo-

quons le désir de connaître l'homme et la curiosité de lire ses ouvrages. (1)

Dénis Diderot naquit à Langres au mois d'octobre 1713. Fils d'un coutelier qui vivait dans une aisance modeste, et neveu d'un chanoine, il fut destiné par sa famille à l'état ecclésiastique. A neuf ans, il fut, comme Voltaire, placé chez les jésuites ; à douze ans, il était tonsuré. Les jésuites, fiers sans doute de leur élève, voulurent l'accaparer, mais le père s'en aperçut, retira son fils et l'envoya à Paris au collège d'Harcourt, où il termina ses études. On ne songea plus pour lui à la calotte : au moins devait-il être magistrat. Il entra chez un procureur ; mais, clerc fantaisiste et indiscipliné, gratte-papier détestable, il y fit tout autre chose que des actes ; il passait son temps à étudier les mathématiques ou la philosophie, à dévorer des livres de grec ou de latin ! Au bout de deux ans il fut renvoyé. Son père, artisan laborieux et économe, homme d'ordre et de volonté ferme, irrité de ces caprices, supprima la pension qu'il lui envoyait, comptant sans doute le voir revenir à Langres. Le jeune Denis aimait sa famille de grand cœur ; mais il ne pouvait renoncer à Paris, à la liberté, à ses études. Et il commença, comme tant d'autres, cette existence de hasards, joyeuse ou pénible suivant l'heure, parfois triste jusqu'à la misère, cette vie au jour le jour où l'on accepte tous les emplois pour manger à peu près régulièrement sans toujours y réussir ; c'est dans un de ces moments de détresse que Diderot faillit mourir de faim, et, sauvé par charité,

(1) Nous nous sommes beaucoup servis, pour cette Notice et les citations qui la suivent, des « *Œuvres choisies de Diderot* », édition du Centenaire publiée récemment chez Reinwald.

jura « si jamais il possédait quelque chose, de ne
» refuser de sa vie un indigent ». Il fut précep-
teur, et abandonna sa place, pourtant lucrative,
pour retrouver l'indépendance : il donna des leçons
au cachet, et de n'importe quoi, apprenant au fur et
à mesure ce qu'il allait enseigner ; il fit des traduc-
tions, des sermons à tant la ligne ! Autre aventure:
il se maria, et, cela va sans dire, « à une femme
» pauvre, honnête, dévote, étroite et aigre, inca-
» pable de le comprendre et de le soutenir. » Il ne
vécut guère avec elle, mais ne l'abandonna jamais
à la misère, et il eut d'elle une fille qu'il adora
jusqu'à la folie.

A trente ans, il n'avait rien produit. Mme de
Puisieux, à laquelle il était alors attaché, avait be-
soin d'argent. Diderot traduisit un ouvrage anglais
sur le *Mérite et la Vertu*. Puis, d'autres écrits se
succédèrent rapidement, sur les sujets les plus va-
riés : religieux, philosophiques, littéraires ou
scientifiques. Mais la grande œuvre de sa vie, le
plus beau monument de sa gloire est l'*Encyclopédie*,
travail de géant devant lequel on s'arrête encore
frappé d'admiration. Il fallait pour le concevoir un
audacieux enthousiasme, une volonté et un génie
surhumain pour l'accomplir. Il s'agissait, en effet,
de faire la revue de toutes les connaissances hu-
maines, de présenter un tableau complet des
lettres, des arts et des sciences ; il fallait résumer
tout ce qu'on avait pensé et dit sur chaque sujet
important, condenser en un article de quelques
pages ou de quelques lignes un amas de documents
et de matériaux, songer à tout, suffire à tout, re-
cueillir, coordonner, réviser, diriger les collabora-
teurs, répondre aux critiques et aux insultes qui ne
furent pas épargnées. Diderot l'entreprit avec

d'Alembert, son ami, en 1741. Après le second volume, l'*Encyclopédie* est supprimée (1752), réautorisée en 1753, supprimée de nouveau en 1759. D'Alembert manqua de courage et se retira. Diderot continua seul, confiant, inébranlable, infatigable. Ajoutez à cela que, depuis 1750, il publiait, comme en se jouant et sans compter, des essais littéraires, des écrits philosophiques, des tragédies, des *Salons* sur les expositions de peinture qui venaient d'être inaugurées, et vous resterez stupéfaits de cette activité débordante, de cette inépuisable fécondité. Mieux encore : en 1764 il s'aperçut que le libraire de l'*Encyclopédie*, Le Breton, pour éviter les tracasseries, avait, en secret, altéré le texte de l'œuvre dont dix volumes avaient paru. Le coup était terrible ; la colère de Diderot fut violente, mais il ne fut pas abattu. L'année suivante, il publiait les dix derniers volumes. Restait à éditer des planches dont le dernier volume parut en 1772 ; l'immense et grandiose édifice était achevé, et il était presque tout entier l'ouvrage d'un seul homme.

Après tant de labeurs, Diderot n'avait pas acquis de quoi donner à sa fille, si profondément aimée, une dot même modeste. Il se résigna à vendre une bibliothèque qu'il avait formée avec amour et où il puisait les matériaux pour ses œuvres si prodigieusement variées : le grand ouvrier allait être privé de ses outils. Heureusement le génie, persécuté en France, trouvait au dehors des admirateurs et des protecteurs généreux. Partout en Europe, les rois, les empereurs, les impératrices, en partie par un goût élevé, en partie par politique, se piquaient d'encourager et de soutenir nos philosophes, abandonnés par nous, sans ressources, poursuivis ou exilés. Catherine II acheta les livres de l'écrivain, les paya quinze mille francs, puis, avec une délicate libéralité, les lui laissa, en lui donnant mille francs par an pour en être le bibliothécaire.

Diderot voulut acquitter la dette de reconnaissance qu'il avait contractée. Malgré l'éloignement, malgré la peine qu'il éprouvait à abandonner ses travaux, à s'arracher à la société de ses amis, il partit pour la Russie. Il passa quinze mois dans le château de l'Ermitage (1). On a conservé le souvenir de ces libres entretiens, où, devant la souveraine toute-puissante, sans atténuer ses doctrines, sans rien abdiquer de son indépendance et rien perdre de sa dignité, il répandait à flots les idées nobles et hardies. L'homme du peuple parlait sans que sa franche nature s'abaissât à aucune complaisance. Catherine l'écoutait avec une intelligente sympathie, sans songer à être choquée de sa familiarité. « Allez toujours, lui disait-elle, entre hommes tout » est permis. »

Malheureusement, quand il revint en France, sa santé était ruinée. Son énergie lui donna encore la force de composer quelques écrits, mais il était profondément atteint : il le reconnut aussitôt lui-même. Il venait (juillet 1784) de prendre possession, rue Richelieu, d'un somptueux appartement qu'il devait encore à la générosité de l'impératrice. Il y trouvait ce qu'il avait longtemps cherché en vain : l'aisance, la richesse même. « Mais la mort, dit M. Dutailly, y était entrée avec lui.... « Le 30 juillet il se leva et se mit à table gaiement,

(1) C'est là qu'après sa mort ont été portés ses livres. C'est là aussi qu'ont été déposés ses manuscrits, dont un grand nombre paraissent seulement de nos jours, éditées pour la plupart par le zèle inédit et infatigable de M. Tourneux.

» mangea même un peu et se tut : il était mort. »
— « Le premier pas vers la philosophie, c'est l'in-
» crédulité. » Telles avaient été ses dernières pa-
roles ; elles peuvent servir d'épigraphe à toute son
œuvre.

Voilà, rapidement esquissée, quelle fut la vie de
ce grand génie. La liberté de son esprit, ouvert à
toutes les idées, l'étendue et la hardiesse péné-
trante de ses vues dans tous les sujets, l'ardeur
avec laquelle il travailla sans relâche au triomphe
de la cause qu'il avait embrassée, la chaleur de son
cœur, le désintéressement de son âme, tout lui mérite la place qui lui est faite parmi les plus grands
dans notre grand XVIII° siècle, parmi les plus vail-
lants promoteurs de notre Révolution. Quelques
années après sa mort, le mouvement allait com-
mencer, qui devait renverser ce qu'il avait com-
battu ; aux théoriciens allaient succéder les hommes d'action, et Mirabeau et Danton allaient se
placer au premier rang, en apportant dans la lutte
les plus heureux dons qui avaient fait la force de
Diderot, et, avant tout, son audace puissante et son généreux emportement. — Son œuvre, maintenant bien
connue, apparaît plus grande de jour en jour. Ceux
qui s'occupent des questions politiques et sociales,
ceux qui étudient les sciences physiques et natu-
relles dont il a proclamé l'avènement et qui ont
pris depuis un si magnifique développement, ceux
enfin qui sur ces études ont fondé une philosophie
nouvelle, tous peuvent se réclamer de lui, tous ont
quelque chose à apprendre de lui. La prédiction
de Rousseau, que nous rappelions en commençant,
s'est réalisée plus tôt même qu'il n'avait pensé.
Les honneurs qui vont être rendus à cette grande
mémoire seront le témoignage de cette admiration,
et l'hommage de notre reconnaissance.

Je vous embrasse de tour mon cœur, et
si vous en doutez, c'en par acquit ten e,
afin que je vous embrasse encore une fois

———————————— Diderot

Extraits et Pensées.

S'il y a cent mille damnés pour un sauvé, le diable a toujours l'avantage sans avoir abandonné son fils à la mort.

* *
*

Le Dieu des chrétiens est un père qui fait grand cas de ses pommes et fort peu de ses enfants.

* *
*

C'est l'éducation de l'enfance qui empêche un Mahométan de se faire baptiser ; c'est l'éducation de l'enfance qui empêche un Chrétien de se faire circoncire ; c'est la raison de l'homme fait qui méprise également le baptême et la circoncision.

* *
*

Il semble que la nature se soit plu à varier le même mécanisme d'une infinité de manières différentes. Elle n'abandonne un genre de productions qu'après en avoir multiplié les individus sous toutes les faces possibles. Quand on considère le règne animal et qu'on s'aperçoit que, parmi les quadrupèdes, il n'y

en a pas un qui n'ait les fonctions et les parties, sur-
tout intérieures, entièrement semblables à un autre
quadrupède, ne dirait-on pas volontiers qu'il n'y a
jamais eu qu'un premier animal, prototype de tous
les animaux, dont la nature n'a fait qu'allonger, rac-
courcir, transformer, multiplier, oblitérer certains
organes ?

*
* *

Je me suis demandé : Si j'avais un enfant à élever,
de quoi m'occuperais-je d'abord ? Serait-ce de le
rendre honnête homme ou grand homme ? Et je me
suis répondu : De le rendre honnête homme. Qu'il
soit bon premièrement : il sera grand après, s'il peut
l'être. Je l'aime mieux pour lui, pour moi, pour tous
ceux qui l'environneront avec une belle âme qu'avec
un beau génie.

J'ai relu ma réponse, et j'ai vu avec satisfaction
que les mêmes vertus qui servaient de base à la
bonté, servaient également de base à la véritable
grandeur ; j'ai vu qu'en travaillant à rendre mon
enfant bon, je travaillerais à le rendre grand, et je
m'en suis réjoui.

*
* *

Pour un catholique père de famille, convaincu
qu'il faut pratiquer à la lettre les maximes de l'Evan-
gile sous peine de ce qu'on appelle l'enfer, attendu
l'extrême difficulté d'atteindre à ce degré de perfec-
tion que la faiblesse humaine ne comporte point, je
ne vois d'autre parti que de prendre son enfant par
un pied et de l'écacher contre la terre, ou que de
l'étouffer en naissant. Par cette action, il le sauve
du péril de la damnation et lui assure une félicité
éternelle.

*
* *

Les enfants des maîtres du monde n'eurent d'autre école que la maison et la table de leurs pères. Agir devant ses enfants, et agir noblement sans se proposer pour modèle ; les apercevoir sans cesse sans les regarder ; parler bien et rarement interroger ; penser juste et penser tout haut ; s'affliger des fautes graves, moyen sûr de corriger un enfant sensible : les ridicules ne valent que les petits frais de la plaisanterie ; n'en pas faire d'autres ; prendre ces marmousets-là pour des personnages, puisqu'ils en ont la manie ; être leur ami et par conséquent obtenir leur confiance sans l'exiger ; s'ils déraisonnent, comme il est de leur âge, les mener imperceptiblement jusqu'à quelque considération bien absurde, et leur demander en riant : Est-ce là ce que vous vouliez dire ? En un mot, leur dérober sans cesse leurs lisières afin de conserver en eux le sentiment de la dignité, de la franchise, de la liberté, et de les accoutumer à ne reconnaître de despotisme que celui de la vertu et de la vérité. Si votre fils rougit en secret, ignorez sa honte, accroissez-la en l'embrassant ; accablez-le d'un éloge, d'une caresse qu'il sait ne pas mériter. Si par hasard une larme s'échappe de ses yeux, arrachez-vous de ses bras, allez pleurer de joie dans un endroit écarté ; vous êtes la plus heureuse des mères.

*
* *

Dès le matin, j'entends sous ma fenêtre des ouvriers. A peine le jour commence-t-il à poindre qu'ils ont la bêche à la main, qu'ils coupent la terre et roulent la brouette. Ils mangent un morceau de pain noir ; ils se désaltèrent au ruisseau qui coule ; à midi, ils prennent une heure de sommeil sur la terre ; bientôt ils se remettent à leur ouvrage. Ils sont gais, ils chantent, ils se font entre eux de bonnes grosses plaisanteries qui les égayent, ils rient. Sur le soir, ils vont retrouver des enfants tout nus autour d'un âtre enfumé, une paysanne hideuse et malpropre et un lit de feuilles séchées, et leur sort n'est ni plus mauvais ni meilleur que le mien.... Je me suis tourmenté toute la matinée à courir après une idée qui m'a fui. Je suis descendu triste ; j'ai entendu parler des misères publiques ; je me suis mis à une table somptueuse sans appétit ; j'avais l'estomac chargé des aliments de la veille ; je l'ai surchargé de la quantité de ceux que j'ai mangés ; j'ai pris un bâton et j'ai marché pour les faire descendre et me soulager ; je suis revenu m'asseoir à une table de jeu, et tromper des heures qui me pesaient.

*
* *

Ce n'est pas Dieu qui a fait les hommes à son image ; ce sont les hommes qui tous les jours font Dieu à la leur.... Autant d'idées de la divinité qu'il y a de tempéraments différents entre les adorateurs et de vicissitudes dans chacun d'eux. Moi qui n'y crois pas, j'y croirai peut-être en mourant ; c'est un torticolis qui reprend les têtes les plus fermes sur leur pivot.

*
* *

Une Université est une école dont la porte est ouverte indistinctement à tous les enfants d'une nation et où des maîtres stipendiés par l'Etat les initient à la connaissance élémentaire de toutes les sciences.

Je dis *indistinctement*, parce qu'il serait aussi cruel qu'absurde de condamner à l'ignorance les conditions subalternes de la société. Dans toutes, il est des connaissances dont on ne saurait être privé sans conséquence. Le nombre des chaumières et des

autres édifices particuliers étant à celui des palais
dans le rapport de dix mille à un, il y a dix mille à
parier contre un que le génie, les talents et la vertu
sortiront plutôt d'une chaumière que d'un palais.

— La vertu !

— Oui, la vertu, parce qu'il faut plus de raison,
plus de lumières et de force qu'on ne le suppose
communément pour être vraiment homme de bien.
Est-on homme de bien sans justice et a-t-on de la
justice sans lumières ?

*
* *

Un jour, je passais à travers la chambre de mon enfant et je la vis qui riait à gorge déployée. — « De
quoi riez-vous de si bon cœur ? lui dis-je. — Je ris du
docteur Pangloss qui donnait des leçons de physique
expérimentale à Mme Paquette, dans un bosquet.
— Comment, vous lisez *Candide* ! — Oui, mon
papa, c'est un livre infâme, mais puisque je l'ai com-
mencé, vous me permettrez que je l'achève. — Et
qui est-ce qui vous a prêté ce livre ? — Ah ! mon
papa, ne vous en mêlez pas, c'est mon affaire, et
soyez sûr que cet homme-là ne m'aura pas manqué
impunément.... »

Une autre aurait caché le livre, se serait bien em-
poisonné l'imagination ; ma fille n'en fit rien.

Quelque temps après, arrive M. Barthe, nous
causions tête à tête dans mon cabinet, lorsqu'on
m'apporte un billet conçu en ces termes :

« Monsieur, vous avez manqué à mon père et à
moi en m'envoyant un livre dont la lecture est
déshonnête. Je ne sais si mon papa vous le pardon-
nera ; pour moi, je ne vous le pardonnerai pas. Croyez-
moi, si vous êtes jaloux d'entrer dans la maison
des pères honnêtes, ne portez point de pareils livres

à leurs enfants. Les pères craindraient, avec raison, que ces lectures ne corrompissent leurs mœurs. J'ai lu votre livre, oui, Monsieur, je l'ai lu; sans l'indignation de votre procédé, j'en aurais beaucoup ri, et cela sans me corrompre, parce que, heureusement, on ne me corrompt point. »

**

Maudit soit l'impertinent qui ignore l'état des choses présentes, au point de ne pas sentir que jamais les deux plus grands fléaux de l'humanité, le despotisme et la superstition, n'ont été aussi violemment attaqués. Maudit soit l'impertinent qui, oubliant des temps de débauche, de folies, de fureurs, et de crimes que nous ne reverrons plus, entasse puérilités sur puérilités pour nous calomnier ; parle sans cesse de luxe sans se douter de ce que c'est. Maudit soit l'impertinent qui écrit, qui déclame, qui bavarde du bien et du mal d'un siècle sous lequel il n'a pas vécu ; qui ne soupçonne seulement pas la difficulté de comparer un siècle à un autre, qui oublie qu'il est dans la nature de l'homme d'exagérer et le mal qu'il éprouve et le bien dont il est privé ; que ça a été de tout temps l'origine des plaintes ridicules des conditions qui se jalousent réciproquement et de ces éloges tout aussi ridicules du prétendu bonheur des siècles passés ; que chez toutes les nations il trouvera le siècle présent avili, le siècle passé surfait, et qu'à s'en rapporter à ses jugements successifs, l'homme n'aurait jamais été plus heureux et meilleur que quand il errait dans les forêts confondu avec la brute, nu comme elle et vivant de gland comme elle.

**

Que voulez-vous que je fasse de l'existence, si je ne puis la conserver qu'en renonçant à tout ce qui me la rend chère ? Et puis, je me lève tous les matins avec l'espérance que les méchants se sont amendés pendant la nuit, qu'il n'y a plus de fanatiques ; que les maîtres ont senti leurs véritables intérêts et qu'ils reconnaissent enfin que nous sommes les meilleurs sujets qu'ils aient. C'est une bêtise, mais c'est la bêtise d'une belle âme qui ne peut croire longtemps à la méchanceté.... Si j'avais le sort de Socrate, songez que ce n'est pas assez de mourir comme lui pour mériter de lui être comparé.

*
* *

Les hommes ont banni la divinité d'entre eux ; ils l'ont reléguée dans un sanctuaire ; les murs d'un temple bornent sa vue ; elle n'existe point au-delà. Insensés que vous êtes, détruisez ces enceintes qui rétrécissent vos idées ; *élargissez Dieu*, voyez-le partout où il est, ou dites qu'il n'est point.

Rêve de Diderot empereur

Me voilà couronné par les mains de Votre Majesté impériale (Catherine II) et le philosophe Denis proclamé par Melchior Grimm. Voyons comment il s'y prendrait pour rendre l'éclat, les mœurs et la vie à sa propre nation, ou faire renaître une autre sorte de luxe qui ne soit pas le masque de la misère, mais le signe de l'aisance publique et du bon goût général....

Lorsque ces moines me sollicitaient pour être sécularisés, est-ce que j'aurais fait la sottise de les refuser ? Je n'aurais plus de moines, et je serais l'héritier de leurs biens à mesure qu'ils décéderaient. Et toutes ces moineries sont bien riches.

Et ces prêtres ? En bonne foi, peut-on s'attendre qu'un monarque un peu sensé laisse à l'un 550,000 livres de rente, à un autre 300,000, à un troisième 250,000 ? Je ne crois pas me tromper quand j'avancerai que j'en trouverais de plus honnêtes, de plus miséricordieux et de plus éclairés, à meilleur marché..... Quant à ces prieurés, abbayes et autres bénéfices qui ne servent qu'à nourrir les vices d'un certain nombre de jeunes et vieux fainéants, je les supprimerais..... Oh ! pour cela, il y a assez et trop longtemps que je serais le tributaire de la Cour de Rome pour cesser de l'être. Ou Sa Sainteté me donnerait ses dispenses et autres fadaises pour rien, ou je m'en passerais, ou je m'en pourvoirais chez moi.

« Quand on doit, il faut payer ses dettes, n'est-il pas vrai ? dirais-je à mon clergé. Il ne pourrait pas se dispenser d'en convenir. Hé bien ! ajouterais-je, payez donc les vôtres. — Mais, sire, c'est que nous n'avons pas d'argent. — Vendez. — Nous sommes des mineurs, nous ne pouvons pas vendre. — Comment ! vous êtes majeurs pour emprunter et mineurs pour vendre ! vous vous moquez. » Et ils vendraient.

A. Naigeon sur Voltaire

Cet homme, dites-vous, est né jaloux de toute espèce de mérite. Sa manie de tout temps a été de rabaisser, de déchirer ceux qui avaient quelque droit à notre estime. Soit ; mais qu'est-ce que cela fait ? Est-on un sot, parce que cet homme l'a dit ? Non, qu'en arrive-t-il ? Le cri public s'élève en faveur du mérite rabaissé, déchiré, et il ne reste au censeur injuste, que le titre d'envieux et de jaloux.

Cet homme, dites-vous, est ingrat.....

Mais ce jaloux est un octogénaire, qui tint toute sa vie son fouet levé sur les tyrans, les fanatiques et les autres grands malfaiteurs de ce monde.

Mais cet ingrat, constant ami de l'humanité, a quelquefois secouru le malheureux dans sa détresse, et vengé l'innocence opprimée.

Mais cet insensé a introduit la philosophie de Locke et de Newton dans sa patrie, attaqué les préjugés les plus révérés sur la scène, prêché la liberté de penser, inspiré l'esprit de tolérance, soutenu le bon goût expirant, fait plusieurs actions louables et une multitude d'excellents ouvrages. Son nom est en honneur dans toutes les contrées et durera dans tous les siècles.

Un jour, cet homme sera bien grand et ses détracteurs bien petits.

*
* *

On nous permet la lecture de ces choses-là, et l'on est étonné de nous trouver, au bout d'une douzaine d'années, d'autres hommes. Est-ce qu'on ne sent pas avec quelle facilité des âmes un peu généreuses doivent boire ces principes et s'en enivrer ? Ah ! mon ami, heureusement les tyrans sont encore plus imbéciles qu'ils ne sont méchants ; ils disparaissent ; les leçons des grands hommes fructifient, et l'esprit d'une nation s'agrandit.

Le Comité du Centenaire tient à adresser ici ses plus vifs remerciements à MM. Charavay frères, éditeurs, (4, rue Furstemberg, Paris), qui nous ont si gracieusement envoyé un buste de Diderot et prêté le cliché du portrait et de l'autographe. Ils ont publié eux-mêmes les Morceaux choisis de Diderot, par M. Maurice Tourneux.

Moulins. — Imp. J. Renaud & C·, 13 et 15, place de la Liberté.

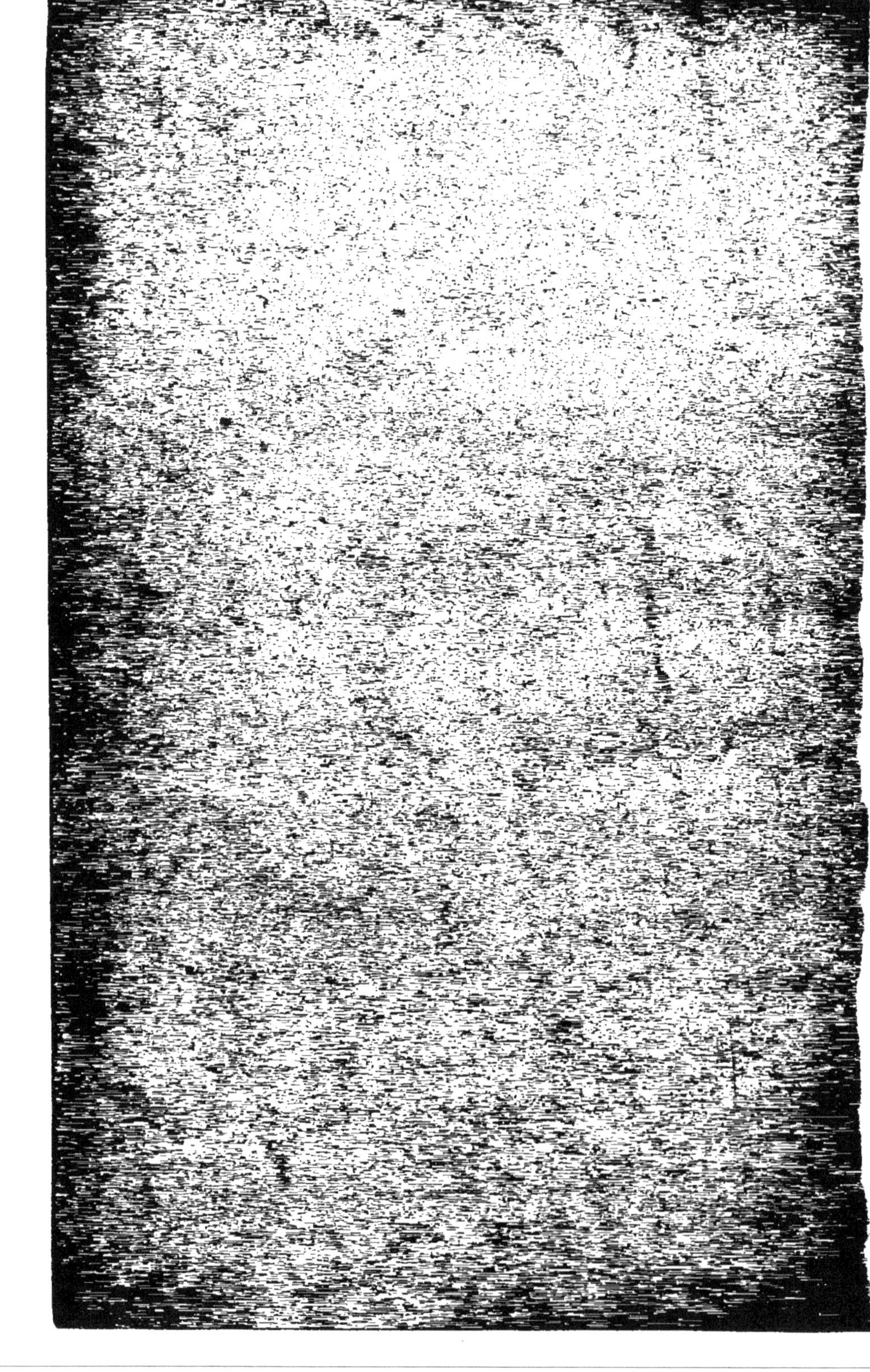

BIBLIOTHEQUE NATIONALE DE FRANCE
3 7531 03634411 8

www.ingramcontent.com/pod-product-compliance
Ingram Content Group UK Ltd.
Pitfield, Milton Keynes, MK11 3LW, UK
UKHW021655090726
13657UKWH00004B/1976